簡単にはじめる
手作り燻製

あなたは、
みたび、驚く。

燻製をはじめてから十余年たちました。

趣味を聞かれて、「燻製づくりです」と答えると、反応は大きく三通り。

「大変そうですね」（手間がかかりそう……）

「優雅なご趣味ですね」（時間かかりそー、ヒマなんですね……!?）

「おいしそうー！」（これは圧倒的に、酒飲みの人に多い）

そんな方々に、

「カセットコンロと中華鍋でもできるんです」「えっ！」

「思い立ったら、10分でできるんです」「えっ！」

そして、実際に下ごしらえもなく、10分もかからずにできた

ミックスナッツの燻製なんかを食べてもらうと、

「えー！　市販のミックスナッツがこんな味に!?」

と驚かれます。

燻製づくりって、なにやら大変そうで、時間がかかって、……と思われがちですが、それは長時間塩漬けして、塩抜きをして、乾燥させて、何時間も燻して……という本格的なベーコンやハムづくりのイメージがあるからかもしれません。

でも、燻製は身近な食材で、それこそ10分でできるものがたくさんあります。コツさえつかめば、失敗なく、誰にでも手軽に挑戦できる料理です。

ウイスキーのつまみがほしくてつくりはじめた燻製も、今やそのレパートリーは400種類以上にもなりました。燻製道士という風変わりな名前は、この燻製レシピをブログで書きはじめた時に自分でつけたハンドルネームですが、「道士」には「仙人を目指して道を探究する士」という意味があります。その探究の過程で、数々の失敗と試行錯誤から生まれたレシピやノウハウを過去の2冊の書籍や新しいレシピから厳選し、入門者の方にも簡単燻製づくりがすぐにできるよう、わかりやすくまとめてみました。燻製道士のこれまでの経験が、この本を手に取ってくださったみなさまの燻製ライフのお役に立てれば、この上ないヨロコビです。

燻製道士 拝

目次

PART 1
燻製道士式
簡単燻製法

PART 2
いきなり成功!
失敗ナシの燻製レシピ

PART 3
日々の食材で、
簡単燻製レシピ

PART 4
自慢できる!
本格チャレンジレシピ

この本の使い方

おいしい燻製を作るために、
レシピページの使い方をご紹介します。

難易度

・作りやすさの順に、「初級」「中級」「上級」
　の3段階で表示しています。
・この本では、初心者が簡単に作れるよう、
　初級レシピを中心にご紹介しています。

下ごしらえ

・燻煙（スモーク）する前の、下味付けと
　乾燥にかかる時間の目安です。
・中には、1日以上かかるものもあるので、
　よく見てから作りましょう。

燻製方法

・「熱燻」「温燻」「冷燻」の3通りあります。
・この本では、燻煙時間が短く、手軽に作れる
　熱燻レシピを中心にご紹介しています。
・温燻のときは、温度を保つため、少し特別な
　電熱器を使うレシピもあります。

燻煙時間

・燻煙（スモーク）する時間の目安です。お好
　みで、少し長めにするなど調整してください。

材料と作り方

・大さじ1＝15mlです。
・スモークチップに書かれているのは、おすすめ
　の木の種類です。種類によって風味が変わるの
　で、食材によって使い分けるのがよいでしょう。
・作り方中のアルファベットは、プロセス写真の
　アルファベットに対応しています。

でき上がり写真

・料理の盛り付け例です。材料表にない飾
　りやお酒が写っていることもあります。
・材料表の分量と盛り付け写真とが異なる
　ことがあります。

燻製道士のひと言

　作り方のコツやお酒との相性
　など、燻製道士から読者のみ
　なさまへのメッセージです。

PART 1
燻製道士式
簡単燻製法

手作り燻製 きほんの3STEP

STEP 1 下味付け
（塩漬け）

　燻製作りはまず、食材を塩漬けにするところからスタート。余分な水分を抜いて殺菌、保存効果を高めるとともに、食材に味をつけるのが目的だ。塩漬けには、食材に直接塩をふる方法（ふり塩）と、塩分濃度の高い液体・ソミュール液に漬ける方法がある。目的に応じて、使い分けよう。

　またすでに塩漬けされた食材は STEP1 を省略し、STEP2 からいきなり始められる（例・ソーセージ、味付けされた煮たまご、ドライフルーツなど）。

- ふり塩 -

身崩れしにくい肉類や、脱水シートで脱水させる時の下ごしらえなどに向く。食材に塩をふってまぶしたり、手ですり込んだりする。

- ソミュール液 -

塩分濃度8％ほどの塩水で、食材や好みに合わせて、スパイスやハーブなどの香りづけをすることもできる。食材の臭みを取る作用があり、また食材全体に均一に味をしみ込ませることができる。身崩れしやすい魚などにも向く。

◎ソミュール液の作り方

材 料

水	200mℓ
粗塩	20g
三温糖	5g
黒こしょう（挽き）	少々
白ワイン	30mℓ

作り方

1 鍋に水を入れて火にかけ、沸騰したら粗塩、三温糖、黒こしょうを入れ、白ワインを加える。

2 再沸騰したら冷ます。

※使う食材によってはオニオンパウダーを入れてコクを出したり、においの強い食材にはローリエなどのハーブを入れてもよい。

燻製はもともと、保存食品。煙で燻すことで腐敗を防ぐとともに、燻製香をまとわせ
ておいしくするものだ。完成するまでには大きく、下味付け、乾燥、燻煙の3ステップ
が必要。この3つさえ覚えれば、失敗なく簡単に、おいしい燻製を作ることができる。

STEP **2** 乾 燥
（風乾・温乾）

味付けした食材を乾燥させ、さらに水分を抜く。これで、保存性が高まり、成功に近づく。

乾燥には、風通しのよい場所などで自然乾燥させる「風乾」と、スモーカーの中で煙をたかずに熱を加えて乾かす「温乾」がある。さらに、キッチンペーパーにのせて冷蔵庫で寝かせた

り、脱水シートで水分を抜いてから表面の水分をふき取る方法もある。風乾させる時は、直射日光を避けて陰干しするのが基本。湿気の少ない時季に、天候を見て行いたい。干しかごに入れて吊るすと安心。アルミのバットに網をのせ、その上に並べて乾かしてもよい。

水分の多い食材は、しっかり風乾させたり脱水しないとうまくいかない場合がある（例・帆立の貝柱）。一方で、ナッツやプロセスチーズのように、表面がほとんど乾いている食材は短時間の風乾で、またはSTEP 2を省略してSTEP3に進むことができる。

乾燥が足りないと失敗しやすい！

食材表面の水分を充分に乾かしておかないと、STEP3の「燻煙」を行った時、加熱によって食材が身崩れすることがある。さらに塩と水分が煙に反応して、仕上がりが酸っぱい味になってしまうので注意が必要だ。

また、スモーカーの中で水分が大量に発生すると、蓋の内側についた煙のタールが水分と一緒に食材に落ちて、食材が苦くなることがある。そうなると、期待して食べた時に残念な結果になる。スモーカーの形状によっては蓋にキッチンペーパーをはさめるものもあるので、タールが落ちないように工夫しよう。

STEP 3 燻煙

　いよいよ燻製作りのクライマックス。スモークチップやスモークウッド（→ p.16）を使って、食材に煙をかける（スモークする）工程だ。
　燻煙の方法は、温度の高いほうから熱燻、温燻、冷燻の3つに分けられる。それぞれの特徴をまとめよう。

熱燻

　いちばん手軽にできる。スモークチップを使い、80℃以上の高温で、燻煙時間は、短いものなら10分、長くても60分ほど。他の2つに比べて燻煙時間がそれほど長くないうえ、食材をしっかりと加熱できるため、生ものにも向く。また、高温で燻すので、作る季節にあまり左右されない。道具も、中華鍋や卓上スモーカーがあればすぐにはじめられるので、簡単にはじめたい方にうってつけの方法だ。

この本では、この熱燻で作るレシピを中心にご紹介する。

温燻

30〜80℃ぐらいでスモークする方法で、スモークチップまたはスモークウッドを使う。食材はしっとりと、燻製香はおだやかに仕上がるのが特徴だ。しかし設定温度を保つのが難しく、庫内の広い中型以上のスモーカーを使うのが一般的で、電熱器などで温度調節をすることが多い。またスモークに1〜2時間ほどかかるうえ、熱燻のように高温で加熱するわけではないので、食材の鮮度が問われる。このように、道具も時間も、少し上級者向けの方法となる。

冷燻

スモーカーの中の温度を20℃以下に保って、食材に火を通さずに燻製する方法。スモーカーの温度を上げずにすむ、スモークウッドを使うが、20℃以下に温度を保つのはなかなか難しい。長時間にわたって煙で燻すことが多いため作れる季節が限られ、外気温が低い冬場が中心となる。長時間の燻製で乾燥が進み、保存性は高い。この本では、氷を使って短時間冷燻するレシピもご紹介するが、その場合も夏場は向かないので注意。

燻製の注意点

① 水分は燻製の天敵！

燻製の失敗の80％は、この水分。食材の表面に水分があると、煙の成分と反応して酸っぱい燻製になる。これを防ぐには、食材をあらかじめ常温に戻して結露を防ぐこと、燻煙中にも蓋を開けて、キッチンペーパーなどで表面に出てきた水分をふいてやるといい。

② 火加減上手は燻製上手

熱燻の場合、最初は強火でチップを発煙させ、煙が出たら煙が消えない程度で弱火に（食材に熱を通す必要のあるものは中弱火などに）するのが、おいしい燻製のコツ。ナッツなどは強火だと黒焦げになる。

③ 食材の脂が落ちないように！

肉などの脂がチップの上にしたたり落ちると、チップの煙が消えたり、いやな臭いが発生するので、脂の出る食材はアルミ箔をシワシワにして、チップにかぶせるなどしよう。

簡単燻製作りで 揃えたい道具

まずは、この3つ

スモーカー（燻製器）

おすすめしたいのは、中華鍋と卓上スモーカー。中華鍋はキッチンに備えているご家庭が多く、なくてもすぐ手に入る。卓上スモーカーは近年コンパクトなものが売られており、少量から簡便に作ることができ、取り扱いも簡単だ。

カセットコンロ

自宅の庭やアウトドアで活躍するのが、カセットコンロ（もちろんガスコンロで加熱してもよい）。中華鍋や卓上スモーカーはIH（電気調理器）に対応していないものが多いので、自宅のコンロがIHという方にも便利だ。

スモークチップ

燻製作りの決め手となるのが、食材に煙をかける時の燻煙材。スモークチップとスモークウッドがあるが、熱燻に使うのはスモークチップだ。何のチップを使うかによって風味が変わるので、食材に応じて使い分けるとよいだろう。

この本では、これから燻製を始める方が作りやすいよう、「熱燻」のレシピを中心にご紹介。熱燻なら少しの道具で、失敗なくおいしい燻製が楽しめる。

便利な道具類

バットと網

アルミやステンレス製がおすすめ。バットにキッチンペーパーを敷いて食材の水分を取ったり、食材を網にのせてバットに重ねて乾燥させる。

軍手

熱燻では、中華鍋やスモーカーは高温になる。そのため、やけど防止に軍手があるとよい。

キッチンペーパー

燻煙前などに、食材の表面の水分をふき取るために使う。水分が残っていると、失敗につながる。

アルミ箔

中華鍋の底に敷いて、チップをのせるのに使う。また、ナチュラルチーズのように加熱すると溶ける食材や、水分が出やすい食材の場合、アルミ箔にのせてから燻製するとよい。水分が落ちると、せっかくいい煙を出していたチップの火が消えてしまう。また、脂分がしたたり落ちるような食材の場合、アルミ箔をシワシワにして、スモークチップの上にかぶせる。したたる脂が直接チップに落ちていやな臭いを発生させたり、チップの発煙を消さない効果がある。

干しかご

食材を風乾させる時、かごに入れて陰干しすれば、虫や鳥、動物などから食材を守ることができる。

風味を決める 燻煙材について

スモークチップとスモークウッド

スモークチップとスモークウッド。その最大の違いは、チップが間接的に加熱して煙を出すのに対し、ウッドは直接火をつけて煙を出すという点。チップは常に加熱が必要なので熱燻や温燻に、ウッドは加熱が不要なので冷燻に向いている。また、温燻にする時、スモークウッドを使って電熱器で温度調節をする方法もある。

スモークチップ

スモークウッド

煙を出す燻煙材には、木片のスモークチップと、木材の粉末を固めたスモークウッドがある。燻製は、煙の香りによってでき上がりの風味が変わるので、食材によって変えてみるのもよいだろう。

チップの種類と特徴

燻製作り初心者は、「熱燻」から始めると失敗が少ないので、ここでは熱燻に使うスモークチップの種類と使い道についてご紹介。

サクラ

チップの代表として知られる。香りが強く、においの強い肉類には向くが、淡泊な魚介や鶏肉にはあまり向かない。ベーコン、羊肉、ほんの短時間だけ刺身にスモークをかける時などに使う。

ヒッコリー

チップ選びに迷った時、最初の1種類としておすすめしたいのがコレ。香りがよく、肉、魚、チーズとも相性がよい。チップだけでなく、ウッドにもよく使われる。

クルミ

ヒッコリー同様、すっきりした香りが特徴。食材を選ばず、オールラウンドに使えるといえる。特にチーズにおすすめ。

リンゴ

果実を思わせる、やや甘い香りが特徴。チーズに使うとマイルドに仕上がっておいしい。鶏肉など、クセのない淡泊な素材に向いている。

ナラ

少し渋みがあるが、香りはスッキリ。魚介の燻製におすすめ。帆立の貝柱、たらこ、うなぎの燻製に欠かせない。

ウイスキーオーク

ウイスキーを寝かせた後のホワイトオークの樽材を削ったもの。ウイスキーの香りがしみていて、チップそのものが香ばしい香り。チーズの燻製や、他のチップに少しブレンドして香りづけに使う。

はじめての燻製作り
中華鍋編

　燻製道士の燻製スタートは、この中華鍋燻製だった。

　中華鍋をスモーカーに変身させるのに必要なのは、アルミ箔、蓋、食材をのせる丸い金網、そしてカセットコンロ。これだけで、今からすぐに燻製作りがはじめられるのだ。

　中華鍋は、直径30cm、蓋も直径30cmを用意。金網は中華鍋の深さの真ん中からやや上に引っかかるくらいのサイズがよい。アルミ箔は、チップをのせるのに必須アイテムだ。中華鍋に直接チップを置くとチップが焦げついて、鍋の手入れが面倒になるので、鍋底にアルミ箔を敷いて、スモークチップを置くというわけ。

　20ページでは、「手羽先の燻製」レシピで、中華鍋燻製の作り方をご紹介するが、なんといってもお手軽、気軽。これから購入する方には、片手鍋（北京鍋）ではなく、両手鍋（上海鍋）をおすすめしよう。狭い場所で燻製すると、片手の長い柄に引っかかって鍋をひっくり返してしまうことがあるからだ。また、アウトドアに持っていく時も車に積むのにかさばらず、安定もよい。

　では、さっそく燻製をはじめてみよう！

「手羽先の燻製」レシピで、
中華鍋燻製

ぷっくりパリパリの皮が香ばしく、シングル
モルトウイスキーのハイボールがすすむ。

道具

・中華鍋（直径30cm）

・蓋（直径30cm）

・丸い金網
（鍋の真ん中から上に引っかかる直径）

・カセットコンロ

材 料

手羽先	……………	3本
塩	…………………	少々
黒こしょう	……………	少々
ハーブソルト	………	少々
酒	…………………	少々

〈燻煙材〉
スモークチップ（ヒッコリー）
　………ふた握り（大さじ3）

作り方

1　手羽先を厚手のビニール袋に入れ、塩、黒こしょう、ハーブソルト、酒を加え、袋の上からよくもむ。冷蔵庫で1時間ほどおく（下味付け）。

2　1を取り出し、キッチンペーパーで表面の水分をふき取り、網にのせ、1時間風乾させる（乾燥）。

3　中華鍋の底にアルミ箔を敷き、スモークチップを置く。

4　カセットコンロにのせ、丸い金網を置いて安定させ、準備完了。

5　点火して蓋をする。はじめは強火で、チップを発煙させる。

6　煙が上がり始めたら2の手羽先を網にのせ、火力を中火にする（食材によって火力は変わる）。

7　蓋をして、30分熱燻にする（燻煙）。

卓上燻製器編

　この卓上燻製器「テーブルトップスモーカー」は小型ながら、スモークチップとカセットコンロや分離式アウトドアバーナーを使った熱燻にも、スモークウッドを使った温燻にも向き、いずれもおいしい燻製が手軽に作れる。その秘密は、4つのパーツからなる部品。小型のスモーカーは食材とウッドやチップの距離が近くなり、かつ空間が小さいので煙臭くなりやすいのが一般的だが、これは、チップやウッドを置く底部から、網までに充分な高さがあり、かつ円錐状の形状なのでうまく煙が上に回るのだ。

　そして決め手は、とんがった蓋の上部にある可動式の煙穴。この穴を調整することで、煙をうまく外に逃がしたり、チップの温度を上げたい時には閉めておいたりと、使い勝手がいい。実際に使ってみるとよくわかるが、食材をのせる網やチップをのせるステンレス皿にも軍手などでつかみやすい取っ手がついており、じつによく工夫されている。

　アウトドアテーブルの上に置いてもおしゃれなデザインで、煙穴からゆらゆらと立ち上る煙を見ているだけで楽しくなるスモーカーである。

「さけるチーズの燻製」レシピで、
卓上燻製器スモーク

形状がするめのよう。香り高く、
味わいクリーミーな速攻つまみ。

道 具

・卓上燻製器
（アペルカ テーブルトップスモーカー）

・カセットコンロ

材料

さけるタイプのチーズ…… 1パック（2本）
〈燻煙材〉
スモークチップ（ウイスキーオーク）
.... ひと握り（大さじ 1 ½）

作り方

1 さけるタイプのチーズを
常温に戻し、水分をふき
取り、網にのせる（乾燥）。

2 チップ皿にスモークチッ
プを入れ、スモーカーに
入れる。

3 蓋をして上部の穴を閉
じ、カセットコンロにの
せ、点火する。

4 最初は強火で、煙が出始
めたら 1 を網ごとのせる。

5 火力を中弱火に落とし、
蓋をして上部の穴を開い
て10分熱燻（燻煙）。

6 火を止め、蓋を開け、煙
が落ち着くまで（10分
ほど）風にあてたらでき
上がり！

初心者におすすめ、
「はじめての燻製作り」に
向く食材

よく聞かれるのが「初心者がはじめて作るなら、どんな燻製がいいか？」ということ。燻製道士の場合は、最初に燻製をはじめた時にいきなり「冷燻」に挑戦し、見事に数回失敗。また、一刻も早く、その晩の酒の肴を燻製で作る必要があるので、失敗は許されない（笑）。そんな経験から、初心者におすすめの食材をご紹介しよう。

塩漬け＆乾燥いらずの食材

ナッツ（味付き）

下味が付いていて、表面の水分がほとんどないので、いきなりSTEP3の燻煙へ。超お手軽に燻製が作れる。

ドライフルーツ

レーズン、マンゴー、いちじくなど。少し乾燥させたほうがよいものもある。水分の多いプルーンは不向き。

むき甘栗

焼いて水分がしっかりと抜けた甘栗は、そのまま燻煙できる。大人っぽい味で、加熱されて中身もしっとり。

ポテトチップスやクッキー

意外ながら、スナックや水分の少ないお菓子も燻製に向き、しかも味付けも乾燥も不要。

はじめての燻製作りに挑戦するみなさんのファースト

塩漬けいらずの食材

味付けの煮たまご

下味付きのゆでたまごなので、STEP 1は省略。表面の水分をよくふき取って乾かし、STEP3へ。

塩鮭（甘塩）

塩味が付いているので、乾燥させるだけ。酒のつまみにもご飯のお供にも。粕漬けや西京漬けを使うとまた違う味わいに。

干物

塩味が付いているので STEP 1が省略でき、水分が少ないので乾燥時間も短縮可。燻製するとさらに味が凝縮する。

たらこ

塩漬けされ、また半分乾いているので、STEP1は省略できる。

ツナ缶

塩・こしょうも不要。油をきってキッチンペーパーに広げ、乾燥させたら STEP3に。

チーズ

ナチュラルチーズは熱燻では溶けることがあるので、アルミ箔やクッキングシートを敷いて燻製に。プロセスチーズは比較的溶けにくいので、こちらのほうがおすすめ。

ソーセージ

こちらも塩味が付いており、STEP1は省略可。市販品がぐっと風味アップする。

ベーコン

袋から取り出したら表面の水分と脂分をふき取り、乾燥させる。

たくあん

野菜は水分が多くて燻製にしにくいが、塩漬けされたたくあんなら乾燥させるだけ。

スモークがいい肴になりますように！ By 燻製道士

教えて燻製道士！私の疑問①

Q1

燻製作りをはじめるにあたり、どのような燻製器を購入したらいいか、迷っています。初心者なので、伝授いただければ幸いです。

A1

私の場合、

 1 中華鍋(直径30㎝) 家にあった古いものと、それに合う焼き網と蓋を購入
 2 小型の熱燻用スモーカー(スノーピーク コンパクトスモーカー)
 3 中型の温燻用スモーカー(ユニフレーム　フォールディングスモーカー)

という順番でやってきました。初めての燻製なら、使わなくなった中華鍋などを利用するほうがコストもかからず、燻製の原理を知るにもよいでしょう。

また、熱燻をメインでやる場合は、スモーカーのサイズの大きすぎないもの、温度を上げやすいものを選んでみてください。温燻を中心にやる場合は、中型からやや大きめのスモーカーのほうが温度のコントロールがしやすくおすすめです。今は、卓上サイズのコンパクトなものも発売されて便利です。

Q2

深さのあるフライパンでスモークチップを使って燻製しました。アルミ箔を敷き、チップをのせて強火にかけたのですが、うまく煙を出すことができません。原因は何が考えられますか?

A2

チップから煙が出にくい理由には、フライパンの中の温度が上がりきっていないことが考えられます。蓋をして温度を上げてみてください。

また、中華鍋は底の部分に炎が集中して温度も上がりやすいのですが、フライパンの場合、ガスコンロの火をあてた時、チップの置いてある場所より外側に火があたって、温度が上がりきっていない可能性があります。屋外でカセットコンロを使う場合も、火が風であおられて、チップの温度が上がりにくいことがあります。

p.50につづく

PART 2
いきなり成功!
失敗ナシの
燻製レシピ

香りとコクを堪能！

オールマイティなつまみ

SMOKED CHEESE

スモークチーズ

材料

プロセスチーズ ………… 1 箱
〈燻煙材〉
スモークチップ（ヒッコリー）
　　…… ふた握り（大さじ 3）

作り方

1　プロセスチーズ（a）は 30 分、常温で表面を乾燥させる。

2　スモーカーの底にアルミ箔を敷き、スモークチップを入れ、
　蓋をしてカセットコンロに点火。強火で煙を出す。

3　煙が出てきたら、網の上にアルミ箔を敷いてチーズをのせ（b）、
　蓋をして弱火で 30 分ほど熱燻にする。

a　b

燻製道士のひと言

熱に弱いチーズを熱燻に
する時に気をつけたいのが
火加減。溶けないように弱
火にしよう。熱燻したプロ
セスチーズは白ワインによ
し、ウイスキーによし。ど
んなお酒のつまみにも重宝
する。熱でチーズがかまぼ
こ形になるのは、ご愛嬌！

SMOKED SEASONED EGG

味付けたまごの燻製

材料

味付けたまご（市販品）
……………………3 〜 4 個

〈燻煙材〉
スモークチップ（リンゴ）
…… ひと握り（大さじ 1 ½）

作り方

1 味付けたまごをキッチンペーパーの上で1時間
風乾させる（a）。

2 スモーカーの底にアルミ箔を敷き、スモークチッ
プを入れる。網をセットしたら 1 を並べて蓋を
し、カセットコンロに点火。最初は強火で、煙
が出てきたら中火にし、10 分熱燻にする（bc）。

燻製道士のひと言

味付けたまごを使えば、あっ
という間にできて、しかも失
敗ナシ。ただし、たまごは燻
すと水分が出るので、スモー
カーの蓋にキッチンペーパー
を貼るなどして、タールを含
んだ水滴がたまごに落ちない
ようにしよう。スモークのいい
香りに適度な塩気で卵黄が甘
く感じられ、シングルモルト
がすすむ、すすむ……。

黄身の甘みとほのかな
塩気がいい塩梅

\ arrange! /

うずらたまごの燻製

うずらのたまごを使った燻製も、簡単
で手軽にできる。まとめて作っておいて、
余ったら他の料理に加えても OK ！

材 料

うずらたまごの水煮 …… 1パック
ソミュール液 (→ p.10) ………200㎖
〈燻煙材〉
スモークチップ（ヒッコリー）
…………………ひと握り（大さじ 1 ½）

作り方

1 うずらたまごの水煮を水洗いし、ソ
ミュール液に15分漬ける。干しかご
に入れ、1時間風乾させる。

2 スモーカーの底にアルミ箔を敷き、ス
モークチップを入れ、網をセットし
て1を並べる。蓋をしてカセットコン
ロに点火。最初は強火で、煙が出て
きたら中火にし、10分熱燻にする。

たらこの燻製

外はパリッ、中はしっとりの
絶妙なハーモニー

SMOKED COD ROE

たらこの燻製

材料

たらこ ……………………… 2腹
〈燻煙材〉
スモークチップ（ヒッコリー）
……… ひと握り（大さじ1½）

作り方

1 たらこを1時間風乾させる（a）。夏場など、気温が高い場合は冷蔵庫で乾かす。

2 スモーカーの底にアルミ箔を敷き、スモークチップを入れる。網をセットし、1を並べて蓋をし、カセットコンロに点火。最初は強火で、煙が出てきたら弱火にし、15分熱燻にする。

a

燻製道士のひと言

外はパリッとスモーキー、中はしっとり半生状態。この旨さといったら！！ ウイスキー、白ワイン、焼酎、日本酒、なんでもクイクイいけてしまう。おすすめの食べ方は、海苔に青じそと大根のスライスをのせ、たらこの燻製を包んでパクッ。味と食感にアクセントが生まれ、いくらでも食べられる。パスタにも！

\ arrange! /
たらこのほうじ茶燻製

スモークチップにほうじ茶を使うと、いきなり和テイストな逸品に。上品な仕上がり。

材 料

たらこ ………………………… 2腹
日本酒 ………………………… 少々
〈燻煙材〉
ほうじ茶
　　……… ひと握り（大さじ 1 ½）

作り方

たらこに日本酒を塗り、1時間ほど冷蔵庫で乾かす。常温に戻し、表面の水分をよくふき取る。スモーカーの底にアルミ箔を敷き、ほうじ茶を入れ、網にたらこを並べてセットし、蓋をする。カセットコンロにのせて点火。最初は強火で、煙が出てきたら弱火にし、10分熱燻にする。

SMOKED NUTS

ナッツの燻製

材料

ミックスナッツ ……150g
〈燻煙材〉
スモークチップ（リンゴ）
　…… ひと握り（大さじ 1 ½）

作り方

1 アルミ箔で皿を作り、ミックスナッツを
　広げ（a）、網にのせる。

2 スモーカーの底にアルミ箔を敷き、ス
　モークチップを入れる。

3 1の網をセットしたら、蓋をし、カセッ
　トコンロに点火。最初は強火で、煙が
　出てきたら弱火にし、15分熱燻にする。

　※スモーカーが小さい場合は、煙のまわりが早い
　　ため、10分弱でできる。

燻製道士のひと言

市販のミックスナッツが格段に
グレードアップし、危険なくらい
酒に合う……。ナッツにマカダ
ミアナッツが入っていなければ、
別に買ってでも加えてほしい！
ナッツ類の中でもダントツで旨
いから。ウイスキーのロック、
ハイボール、よく冷やした炭酸
水とウイスキーを4:1で割っても
おすすめ。

a

香ばしさが増し、グンと贅沢な味わい

\ arrange! /

燻製ピスタチオ

チップにしみ込ませたバーボン
の香りが決め手！ ピスタチオ
のナッツ感をグッと引き立てる。

材 料

ピスタチオ …… 50g（1 袋）
〈燻煙材〉
スモークチップ（リンゴ）
…… ひと握り（大さじ 1 ½）
バーボン……………… 30㎖

作り方

1 バーボン風味のスモークチップを作る。
チップにバーボンをまんべんなくふりか
け、ステンレスのざるなどに入れて 1 日
ほど室内で乾かす（※市販のウイスキー
オークでも OK）。

2 スモーカーの底にアルミ箔を敷き、1 を
入れる。ピスタチオを網に広げてセッ
トしたら、蓋をしてカセットコンロに点
火。最初は強火で、煙が出てきたら弱火
にして 10 分熱燻にする。

\ arrange! /

燻製ハニーナッツ

ミックスナッツの燻製を、同じく燻
製したはちみつ漬けに。甘い香り
の中に、燻製香がほのかに漂う。

材 料

ミックスナッツ ……… 適量
〈燻煙材〉
スモークチップ（サクラ）
　…… ひと握り（大さじ 1 ½）

燻製はちみつ
┃ はちみつ ………… 適量
┃ スモークウッド（サクラ）
┃ ………… 1 本（約100g）

作り方

1 燻製はちみつを作る。はちみつをアル
ミカップに入れる。スモークウッドに
点火してスモーカーに入れ、はちみつ
カップを網にのせて蓋をする。そのま
ま2時間温燻にする。

2 ミックスナッツはp.38と同様に熱燻に
する。清潔な保存瓶にアツアツのまま
入れ、1を注ぐ。密閉し、常温で1週間
おく。

SMOKED CHORIZO

スモークチョリソー

材料

チョリソーソーセージ……1袋
〈燻煙材〉
スモークチップ（ヒッコリー）
……… ひと握り（大さじ 1 ½）

作り方

1 キッチンペーパーでチョリソーの水分を
ふき取り、常温で30分風乾させる（ab）。

2 スモーカーの底にアルミ箔を敷き、ス
モークチップを入れる。

3 網をのせて1を並べ、蓋をしてカセット
コンロに点火。最初は強火で、煙が出
てきたら中火にして、10 〜 15分熱燻
にする（c）。

燻製道士のひと言

いたって簡単な燻製。なにせ
塩漬けも、ソミュール液もいら
ず、チョリソーソーセージを乾
かして、燻製するだけだ。そ
もそもチョリソーはそのまま焼
いてもおいしいビールの肴だ
が、軽く燻すことでスモーキー
な風味が増し、ウイスキーに
ピッタリの肴になる。

a　b　c

風味が増したピリ辛チョリソーはさわやかなハイボールと相性抜群

\ arrange! /

ソーセージのハーブ燻製

今、ハマっているジンに合わせて、ソーセージを
サクラのスモークチップとローズマリーで燻製に。

材料

ハーブ入リソーセージ …… 1袋
〈燻煙材〉
スモークチップ (サクラ)
………… ひと握り (大さじ 1 ½)
ローズマリー …………………… 1本

作り方

1 キッチンペーパーでソーセージの水分
をふき取り、常温で30分風乾させる。

2 スモーカーの底にアルミ箔を敷き、ス
モークチップを入れ、ローズマリーを
のせる。網に1を並べてセットし、蓋
をしてカセットコンロに点火する。最
初は強火で、煙が出てきたら中弱火に
し、10分熱燻にする。ときどき蓋を開
け、ソーセージの表面に浮いた水分を
キッチンペーパーでふき取る。

たくあんの燻製

完成！香り豊かな

いぶりがっこ

SMOKED YELLOW PICKLED RADISH

たくあんの燻製

材 料

たくあん……………… ½ 本
ごま………………… 少々
〈燻煙材〉
スモークチップ（サクラ）
……ふた握り（大さじ 3）

燻製道士のひと言

秋田名物「いぶりがっこ」ことたくあんの燻製。「いぶりがっこ」とは、秋田地方で燻した（いぶり）漬物（がっこ）という意味だそうだ。

作り方

1 たくあんをスモーカーに並べられる長さに切り、キッチンペーパーで表面の水分をふいて1時間風乾させる (a)。

2 スモーカーの底にアルミ箔を敷き、スモークチップを入れる。

3 網をセットし、1 を並べて蓋をし、カセットコンロに点火。最初は強火で、煙が出てきたら中火にし、15分熱燻にする (b)。スライスし、好みでごまをふる。

\ arrange! /

いぶりがっこのチーズ和え

〝いぶりがっこ〟の香りと酸味に、
クリームチーズがベストマッチ！

材料

たくあん ·················· ½本
クリームチーズ ·········50g
〈燻煙材〉
スモークチップ（ヒッコリー）
····· ひと握り（大さじ1½）

作り方

1 たくあんはキッチンペーパーで表面の水分をふき、1時間風乾させる。

2 スモーカーの底にアルミ箔を敷き、スモークチップを入れる。網をセットし、1を並べて蓋をし、カセットコンロに点火し、10分熱燻にする。

3 冷ましてから薄くスライスし、クリームチーズと和える。

この味、とっておきの1本を開けたくなる

SMOKED RAISINS

レーズンの燻製

材料

枝付きレーズン … 50 〜 60g
〈燻煙材〉
スモークチップ（クルミ）
　………ひと握り（大さじ 1 ½）

燻製道士のひと言

燻製前と後で、見た目こそ変化はないが、味はめちゃくちゃ旨い！　レーズンの甘みにスモーキーな香りが加わり、味が引き締まるだけでなく、芳醇さまでアップ。とっておきのシングルモルトがことのほかよく合い、怖いくらい飲める……。

作り方

1　スモーカーの底にアルミ箔を敷き、スモークチップを入れる。

2　網をセットし、レーズン（a）を並べて蓋をし、カセットコンロに点火。最初は強火で、煙が出てきたら中火にし、10分熱燻にする。

a

\ arrange! /

ドライいちじくの燻製

他のドライフルーツでも作れ、マンゴー
やパイナップルなどがおすすめ。プルー
ンのように水分が多いものは不向き。

材料

ドライいちじく (大粒) ……… 1袋
〈燻煙材〉
スモークチップ (ウイスキーオーク)
…………… ひと握り (大さじ1½)

作り方

1 ドライいちじくをキッチンペーパー
の上で30分風乾させる。

2 スモーカーの底にアルミ箔を敷き、
スモークチップを入れ、網に1を並
べてセット。蓋をしてカセットコン
ロに点火する。最初は強火で、煙
が出てきたら弱火にし、10分熱燻
にする。

教えて燻製道士！私の疑問②

Q3

スモークウッドに点火しても、時間がたつと途中で消えていることがあります。どうすればこれを防げますか?

A3

スモークウッドは線香のように煙を出すものですが、断面に点火する時、角だけに点火すると途中で消えてしまうことが多いです。料理用のバーナーなどで断面全体を発火させた状態でスモーカーに入れてやると、消えにくくなります。

Q4

燻製のでき上がりが酸っぱくなってしまいました。何か原因があるのでしょうか?

A4

燻製が酸っぱく仕上がる原因のほとんどは、食材の表面の水分が煙と反応して酸っぱい成分を生成してしまうことにあります。食材の表面をしっかりと乾かすこと、スモーカーの中に水蒸気として上がってくる水分

があれば、燻製している間に蓋の部分の水分や、食材の表面につく水分をふき取るとほとんどの場合防ぐことができます。

また、冷蔵庫から出した食材をすぐに燻製すると、表面が後から結露します。常温に1時間ほどどおいて、キッチンペーパーで表面の水分をふき取ってから燻製することも、コツの一つです。

PART 3
日々の食材で、
簡単燻製レシピ

アツアツを一度食べたら、もうやみつき！

難 易 度	下ごしらえ	燻製方法	燻煙時間
初級	30分	熱燻	5-10分

SMOKED CAMEMBERT CHEESE
カマンベールチーズの燻製

材 料

カマンベールチーズ …… 1 個
〈燻煙材〉
スモークチップ（クルミ）
…… ひと握り（大さじ 1 ½）

燻製道士のひと言

クルミのチップを使うことでコクのあるナッティな風味が楽しめるが、すっきりした味がお好みなら、ヒッコリーがおすすめ。作りたてのとろとろ感といい、コクのあるまろやかな風味といい、しみじみ幸せになれる味だ。ビールやモルトウイスキーはもちろん、フランスパンにからませて、白ワインのお供にも！

作り方

1　アルミ箔で皿を作り、カマンベールチーズをのせ、30分ほど常温におく（a）。キッチンペーパーで水分をふき取る。

2　スモーカーの底にアルミ箔を敷き、スモークチップを入れる。

3　網をセットし、1をアルミ皿ごと置いて（b）、蓋をし、カセットコンロに点火。最初は強火で、煙が出てきたら中火から弱火にし、5〜10分熱燻にする（c）。

a　b　c

SMOKED TOFU

燻製豆腐

材 料

豆腐(木綿) ····· 1丁
塩 ···················· 少々

〈燻煙材〉
スモークチップ(ヒッコリー)
········· ふた握り(大さじ3)

作り方

1 豆腐の水をきり、塩をふってキッチンペーパーに包み、ざるをのせたバットの上に置く(abc)。

2 平らな皿かお盆をのせて重しにし、冷蔵庫でひと晩おく。豆腐の厚みが半分ほどになるまで水分をしっかり抜く。

3 キッチンペーパーで表面をふき、2時間風乾させる。

4 スモーカーの底にアルミ箔を敷き、スモークチップを入れる。網をセットしたら3の豆腐(d)を置いて蓋をし、カセットコンロに点火。最初は強火で、煙が出てきたら中火にし、1時間熱燻にする。

a b c d

150円の豆腐が、劇的に変身！
高たんぱく、低カロリーでヘル
シーなところも、メタボ世代には
嬉しい。ひと手間かけて、豆腐
を味噌漬けにして熱燻にしても非
常に旨い。水分をしっかり抜いた
豆腐に味噌をたっぷり塗り、密閉
して、お好みで冷蔵庫で1~3晩
寝かせよう。味噌の風味が中まで
しみ込み、濃厚な味が楽しめる。

まったりとして

なめらかな食感に感動！

難易度	下ごしらえ	燻製方法	燻煙時間
初級	0分	温燻	1時間

軽くてスモーキーな

新定番の最強おつまみ

SMOKED CHEESE TARA

チータラの燻製

材料

チータラ（市販品）…… 1袋

〈燻煙材〉
スモークウッド（サクラ）
……………… 1本（約80g）

作り方

スモーカーの底にアルミ箔を敷き、スモークウッドに点火して入れる。網をセットしてチータラを並べ、蓋をして、熱源を使わずに1時間温燻にする。

燻製道士のひと言

仕込みの手間なし。1時間放置するだけでできてしまうお手軽燻製おつまみ。30人という大人数の燻製キャンプで作って、大好評だった燻製。暑い夏の夕べに、ちょいとハイボールのつまみがほしくなって、チータラの燻製再現だ。

食べたくなったら作りどき

晩酌におすすめの一品

SMOKED HORSE MACKEREL

小あじ干物の燻製

材料

小あじの干物 ………… 5枚

〈燻煙材〉
スモークチップ（ヒッコリー）
…… ひと握り（大さじ 1 ½）

燻製道士のひと言

すでに干してある、そして、塩がされていてあとはもう燻製するだけの超お手軽燻製。ほとんど焼き魚（笑）。しかし、あじの干物を焼くいいにおいと、あたりに漂う燻製の香りで、ご飯のおかずが一気にハイボールの肴に。

作り方

1　キッチンペーパーの上に小あじの干物を並べ、30分風乾させる。

2　スモーカーの底にアルミ箔を敷き、スモークチップを入れてカセットコンロに点火する。

3　最初は強火で、煙が出てきたら中火にし、網に 1 をのせてセットし、蓋をして10分熱燻にする。

SMOKED KAMABOKO

かまぼこの燻製の
カルパッチョ
柚子こしょうソース添え

材 料

かまぼこ	1本
塩	少々
グレープシードオイル	10㎖
フレンチドレッシング	20㎖
柚子こしょう	適量

〈燻煙材〉
スモークウッド（ヒッコリー）
‥‥‥‥‥‥‥‥‥‥ 1本（約80g）

燻製道士のひと言

ふり塩の効果もあってか、かまぼこが引き締まり、ほのかなやさしい燻製の香りと、かまぼこの食感がぴったりマッチング。

作り方

1　かまぼこを板から外してサッと塩をふり、出てきた水分をキッチンペーパーで丁寧にふき取る。そのまま1時間風乾させる。

2　スモーカーの底にアルミ箔を敷き、スモークウッドを入れて点火し、1をのせた網をセット。蓋をして、熱源を使わずに1時間温燻にする（a）。

3　1時間ほど風にあて、煙をなじませる。

4　グレープシードオイル、ドレッシングと柚子こしょうをよく混ぜてソースを作り、薄くスライスしたかまぼこに回しかける。

a

脇役のかまぼこが一躍おもてなしの一品に！

SMOKED KAMABOKO JERKY

かまぼこジャーキー

材料

かまぼこ ……… 1本
漬けダレ
 しょうゆ …… 50㎖
 みりん …… 25㎖
 酒 ………… 25㎖
 黒こしょう…… 少々

〈燻煙材〉
スモークウッド(サクラ)
 ………… 1本(約80g)

作り方

1 かまぼこを縦2㎜の厚さにスライスする(a)。

2 漬けダレに1を入れ、冷蔵庫で3時間漬ける(b)。

3 かまぼこを取り出してタレをキッチンペーパーで丁寧にふき取り、1時間ほど風乾させる(c)。

4 大きめのスモーカーに網をセットし、3をのせる。電熱器でスモーカーを50℃に熱して、スモークウッドを入れずに30分温乾させる。スモークウッドに点火してスモーカーに入れ、1時間ほど温燻にする。

a　　　　　b　　　　　c

食べた瞬間、肉のジャーキーかと思うくらい、酒のつまみにピッタリ。作ってきたジャーキーの中でも、会心のヒット作！漬け込み時間は3時間と少々かかるが、ぜひ一度は試してほしい、イチオシの燻製だ。

バーボンに相応しい

ハードなおつまみ

SMOKED BACON HERBS

ベーコンのハーブ燻製

材料

厚切りベーコン ………1枚
〈燻煙材〉
スモークチップ（サクラ）
　……ひと握り（大さじ 1 ½）
ローズマリー ………… 2 本

作り方

1 厚切りベーコンを、キッチンペーパーの上で30分ほど風乾させる（a）。

2 スモーカーの底にアルミ箔を敷き、スモークチップを入れ、ローズマリーをのせる（b）。脂がチップに落ちないよう、アルミ箔をシワシワにしてかぶせ、カセットコンロに点火。最初は強火で、煙が出てきたら網に 1 をのせてセットし、蓋をし、中弱火にして10分ほど熱燻にする（c）。

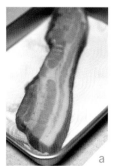

でき上がりは、もうヨダレが出そう……。ローズマリーの香りがふんわりと、チップの香りとともに立ち上り、ジューシーな厚切りベーコン。ガツンとパンチが効いてかつ、甘い香りのクラフトバーボン「ブッカーズ」と。

香り高く、そしてジューシー

スグ飲みたい時にうってつけ

SMOKED SALAD CHICKEN

サラダチキンの燻製

材 料

サラダチキン ……………… 1パック(110g)
塩・黒こしょう ……………………… 各少々
〈燻煙材〉
スモークウッド(サクラ) …… 1本(約80g)

作り方

1 サラダチキンの表面に、塩、黒こしょうをまんべんなくふり、キッチンペーパーの上で1時間ほど風乾させる(ab)。

2 スモーカーの底にアルミ箔を敷き、スモークウッドに点火して入れる。網に 1 をのせてセットし、蓋をする。そのまま1時間温燻にする。

a

b

しっとり柔らかいまま、温燻で香りをまとわせる

SMOKED POTATO CHIPS

厚切りポテトチップスの燻製

材 料

厚切りポテトチップス …… 1 袋 (約70g)
〈燻煙材〉
スモークウッド (サクラ) …… 1 本 (約80g)

作り方

1 網に厚切りポテトチップスをのせる。

2 スモーカーの底にアルミ箔を敷き、スモーク
ウッドに点火し (a)、入れる。1 をセットし、
蓋をする (b)。そのまま20分温燻にする。

お手軽にできてビールがすすむ！

キャンプでも、おうちでも

燻製道士のひと言

20分後にスモーカーの蓋を開けると、おおっ！　いい感じで燻されている。キャンプなら、スモークする間に他の料理などを準備すれば、20分後にはすぐにビールが飲める、という寸法だ。ほのかな燻製香をまとって、旨みも凝縮した超大人味。

SMOKED ROASTED ONIONS

丸ごと！燻製玉ねぎのロースト

材料

玉ねぎ (丸々としたもの)……1個
〈燻煙材〉
スモークチップ (サクラ)
……ひと握り (大さじ 1 ½)

桜塩*・オリーブ油 …… 各適量

*ネットショップなどで買うことができる。
　期間限定。普通の塩でもよい。

作り方

1 玉ねぎをラップに包み、電子レンジ (500W) で3分加熱する。キッチンペーパーの上で、30分ほど風乾させる。

2 スモーカーの底にアルミ箔を敷いてスモークチップを入れ、カセットコンロに点火する。最初は強火で、煙が出てきたら 1 を網にのせてセットする。蓋をして、強火のまま、10分熱燻にする。

3 取り出して器にのせ、ナイフで切って桜塩をふり、オリーブ油を回しかける。

燻製道士のひと言

春なら、サクラのスモークチップに桜塩で気分が上がる！ 甘みが出たアツアツの玉ねぎに、コクと香りの黒ビール。このマリアージュ、クセになりそう。立ち上る玉ねぎの甘く香ばしい香りと燻製香は、シンプルに塩とオリーブ油が最高！

塩ゆでとはひと味違う

香り豊かな大人の酒肴に

SMOKED BROAD BEANS

そら豆の燻製

材料

そら豆 ……… 4〜5さや

〈燻煙材〉
スモークチップ（ヒッコリー）
……… ひと握り（大さじ 1 ½）

燻製道士のひと言

さやから出し、ホクホクになったそら豆を見てるだけで、飲みたくなる……。ここは、ハイボールで。適度に燻製香をまとったそら豆は、塩ゆでとは違う大人な酒肴。

作り方

1 そら豆は、中の豆を傷つけないよう、さやの空洞の部分に爪楊枝を刺して穴をあける。網に並べる。

2 スモーカーの底にアルミ箔を敷き、スモークチップを入れる。1を網ごとセットして蓋をし、カセットコンロに点火する。最初は強火で、煙が出てきたら弱火にし、10分熱燻にする。

難易度	下ごしらえ	燻製方法	燻煙時間
初級	30分	熱燻	10分

香ばしい皮から弾ける

ジューシーな甘さに舌鼓

SMOKED PETIT TOMATOES

プチトマトの燻製

材料

プチトマト ………… 1パック

〈燻煙材〉
スモークチップ（ヒッコリー）
……… ひと握り（大さじ1½）

燻製道士のひと言

熱で皮が裂けたものもあるがご愛嬌。表面から香ばしい燻製の香りが漂い、ガブリッとやると、中からはジューシーな甘い果汁が出てきてすこぶる美味。夏の夜にはよく冷やした黒ビールと。

作り方

1 プチトマトを洗い、キッチンペーパーの上で表面を30分ほどよく乾かす。網に並べる。

2 スモーカーの底にアルミ箔を敷き、スモークチップを入れ、1を網ごとセットし、蓋をしてカセットコンロに点火。最初は強火で、煙が出てきたら中弱火にして10分熱燻にする。

SMOKED HASSELBACK POTATO

ハッセルバックポテトの燻製

材料

じゃがいも ………… 2個
バター ……………… 約14g
塩・こしょう …… 各少々

〈燻煙材〉
スモークチップ（ウイスキーオーク）
………… ひと握り（大さじ 1 ½）

作り方

1 まずハッセルバックポテトを作る。まな板に菜箸を置き、じゃがいもを皮付きのままのせ、切り落とさず、深く切り込みを入れる（ab）。切り目を水でよく洗ってでんぷん質を流し、くっつきにくくする。

2 バターを小鍋で溶かし、1 の切り目にまんべんなく流し込む（c）。小さいフライパンにのせ、軽く塩、こしょうをし、蓋をして30分ほど蒸し焼きにする（d）。

3 2 の表面をキッチンペーパーでふく。

4 スモーカーの底にアルミ箔を敷いてスモークチップを入れ、カセットコンロに点火する。最初は強火で、煙が出てきたら 3 を網にのせてセットする。蓋をして強火のまま、10分熱燻にする。

a

b

c

d

ウイスキーに合わせるために作ってみた。ウイスキー樽のスモークチップで燻したのだから、相性はバツグンなのだ。バターとウイスキーオークの香りがなんともいえずいい。ここではハイボールとともに。高原のキャンプ場で涼風に吹かれながら、煙の出るのを眺めるのは至福の時間。

姿もゴージャス、ごちそう燻製は

ちょっと手間はかかるが、歓声が上がる！

SMOKED TARO

里芋の燻製

材料

里芋 ·················· 4個
鶏ガラスープ ········· 適量
塩・油················ 各少々
〈燻煙材〉
スモークウッド（ヒッコリー）
················· 1本（約80g）

作り方

1 里芋は皮ごと固めにゆでて、皮をむく（a）。

2 鶏ガラスープに塩と油を加えて、1の里芋を15分ほど煮る。

3 火を止めてそのまま15分おき、味をしみ込ませる。取り出して干しかごに入れ、1時間ほど風乾させる（b）。

4 スモーカーの底にアルミ箔を敷き、スモークウッドに点火して入れる。網に3をのせて蓋をする。熱源は用いずに1時間温燻にする。

a b

燻製道士のひと言

チャレンジしては失敗をくり返してきた野菜の燻製。野菜の水分と燻製の相性の悪さに原因はある。その課題を克服したのが、この燻製だ。ほのかな香りとホクホクした旨さが一度に味わえる、燻製道士・会心の作！ 味を煮含める時、油を少量加えることで野菜に煙がしみ込みやすくなる。

ホクホク＆スモーキー！な

野菜の燻製

ブランデーがかくし味。肉の臭みが取れ、普通のステーキより、あっさりと肉の旨みを堪能できる。ここではロースを使ったが、奮発したい時は、ヒレ肉を使ってもOKだ！ バーボンにぴったりのつまみとしても、メインのごちそうとしても活躍する。

燻製の香り豊かな

レア肉を喰らう！

難易度	下ごしらえ	燻製方法	燻煙時間
初級	30分	熱燻	20分

SMOKED STEAK

スモークステーキ

材 料

牛ロース肉 ……… 1枚
ブランデー ……… 適量
塩・黒こしょう …… 各少々

〈燻煙材〉
スモークチップ（ヒッコリー）
…… ひと握り（大さじ1 ½）

作り方

1 牛ロース肉の筋に切り込みを入れ（a）、熱を加えた時に肉が反らないようにする。

2 肉の両面にブランデー、塩、黒こしょうをふる（b）。キッチンペーパーの上で30分風乾させる（c）。

3 スモーカーの底にアルミ箔を敷き、スモークチップを入れる。チップに脂が落ちないようアルミ箔をかぶせ、網をセットし、2を並べて蓋をする。

4 カセットコンロに点火し、最初は強火で、煙が出てきたら中火にして20分熱燻にする。

a　　　　　b　　　　　c

難易度	下ごしらえ	燻製方法	燻煙時間
初級	1時間30分	熱燻	10分

SMOKED HAMBURGER
スモークハンバーグ

材料

ハンバーグ (市販品) …… 3 個
塩 ……………………… 少々
〈燻煙材〉
スモークチップ (ヒッコリー)
　……ひと握り (大さじ 1 ½)

燻製道士のひと言

一見、邪道とも思えるが、食してみるとこれがなかなかイケる。ハンバーグのジューシーさはそのままに、燻製の香りがキリッと味を引き締める。チリ産赤ワインとのマリアージュは絶妙。ハンバーグを手作りした時、残りを燻製にしてみるのもいいだろう。

作り方

1 ハンバーグの表面を焼き、中まで火を通す (a)。

2 塩をふり、キッチンペーパーの上で1時間ほど表面を風乾させる (b)。

3 スモーカーの底にアルミ箔を敷き、スモークチップを入れてカセットコンロに点火する。

4 2を網にのせてセットし、蓋をする。最初は強火で、煙が出てきたら中火にして10分熱燻にする (c)。

a

b

c

燻製の香りがアクセント

これぞ大人のハンバーグ

SMOKED WILD SAUSAGE

ワイルドソーセージ

材料

豚ひき肉 ························ 200g

A
| 粗塩 ······························ 5g
| 玉ねぎ (みじん切り) ··· ¼ 個分
| セロリ (みじん切り) ··· ¼ 本分

A
| パセリ (みじん切り) ··· 1 枝分
| パン粉 ···················· ½ カップ
| たまご ······················· 1 個
| 黒こしょう ···················少々

〈燻煙材〉
スモークチップ (ヒッコリー)
············ ひと握り(大さじ 1 ½)

作り方

1 ボウルに豚ひき肉とAを入れ (a)、粘り気が出るまでよく混ぜたら、冷蔵庫で20分ほどなじませる。平べったい竹串などに肉だねを巻きつける (b)。

2 スモーカーの底にアルミ箔を敷き、スモークチップを入れ、カセットコンロに点火。最初は強火で、煙が出てきたら網に並べた1をセットして蓋をし、強火のまま20分熱燻にする (c)。肉汁がしたたり、表面がこんがりしてくれば、でき上がり。

a

b

c

燻製道士 の ひと言

玉ねぎとセロリは、水気をよくふき
取ってから豚ひき肉と混ぜるのが
コツ。水分が多いと粘り気が出ず、
竹串から肉が落下することがある。
串にうまくくっつかない場合は、ア
ルミ箔で作った皿に並べてからス
モーカーへ入れよう。肉だねをの
せる網には、オリーブオイルを塗っ
ておくとくっつきにくくなる。

バーボンがほしくなる

ジューシーな旨さ

SMOKED PORK CHOP

ポークチョップの燻製

材 料

ポークチョップ (脂ののった分厚いもの)
……………………… 2 枚 (約200g)
塩・こしょう ……………… 各少々

〈燻煙材〉
スモークチップ (ウイスキーオーク)
…………… ひと握り (大さじ 1 ½)

作り方

1 ポークチョップにところどころ軽く切り目を入れ (a)、両面に塩、こしょうをする。キッチンペーパーの上で、30分ほど風乾させる。

2 スモーカーの底にアルミ箔を敷いてスモークチップを入れる。脂がチップに落ちないよう、アルミ箔をかぶせ、カセットコンロに点火する。最初は強火で、煙が出てきたら 1 を網にのせてセットし (b)、火力を中弱火に落とし、蓋をして15分熱燻にする。

3 火を止めて蓋を開け、煙が落ち着くまで20分ほど風にあてる。

a

b

燻製道士のひと言

蓋を開けると、煙とともに、ジュージューと旨そうな音を立てるポークチョップ。風にあてて煙を落ち着かせる間に、バーボンを用意。ほんのりウイスキーオークの燻製香をまとったポークチョップは、甘い香りのバーボンと相性ぴったり。

柔らかくジューシーに燻製された

分厚い肉に、テンションが上がる!

SMOKED CHICKEN WING

手羽中の燻製

材 料

手羽中 ……………………… 8 本
酒 ………………………………… 適 量
ソミュール液 (→ p.10) …… 200㎖
〈燻煙材〉
スモークチップ（ヒッコリーとリンゴ）
…… 合わせてひと握り（大さじ 1 ½）

作り方

1 手羽中を酒で洗っておく。

2 ソミュール液に 1 の手羽中を漬け、
30分おく。

3 手羽中を取り出し、キッチンペーパー
の上で1時間風乾させる (a)。

4 スモーカーにアルミ箔を敷き、2種
のスモークチップを入れ、網をセッ
トして3を並べ、蓋をする。

5 カセットコンロに点火し、最初は強
火で、煙が出たら中火にして20分
熱燻にする。

a

燻製道士のひと言

でき上がり直後は煙の成分が安
定していないので、1時間ほどお
いて落ち着かせるとよい。冷たく
なったら、フライパンなどで少し
温めると皮の脂がジューシーにな
り、よりおいしい！

ハイボールがすすむ

ジューシーチキン

SMOKED CHICKEN DRUMSTICK

手羽元の燻製

材料

手羽元 ………………… 6本
漬けダレ
| 酒 ……………… 90㎖
| しょうゆ ……… 60㎖
| みりん ………… 30㎖
| おろししょうが …… 少々

〈燻煙材〉
スモークチップ（ヒッコリー）
……… ふた握り（大さじ3）

作り方

1 手羽元の内側に包丁で切り目を入れ、ビニール袋に漬けダレと一緒に入れて冷蔵庫で3時間寝かせる（a）。

2 手羽元を取り出し、キッチンペーパーの上で1時間風乾させる（b）。

3 スモーカーの底にアルミ箔を敷き、スモークチップを入れ、網をセットして 2 を並べる。カセットコンロに点火し、最初は強火で、煙が出てきたら中火にして30分ほど熱燻にする（c）。

a

b

c

リッチなテリとコクを
ウイスキーで堪能

燻製道士のひと言

簡単なうえに豪華な燻製といえば、コレ。見た目以上に、後をひく旨さだ。漬けダレには、にんにくではなくしょうがを入れるところがポイント。肉の臭みが消え、燻製独特の旨さが引き立つこと、間違いなし！

酒に、ご飯に。
定番にして王道の味

難易度	下ごしらえ	燻製方法	燻煙時間
初級	1時間	熱燻	10分

SMOKED SWEET SALT SALMON

甘塩鮭の燻製

材 料

鮭（甘塩） ……………… 3 切れ
〈燻煙材〉
スモークチップ（ヒッコリー）
　…… ひと握り（大さじ 1 ½）

作り方

1　網の上に鮭をのせ、1時間風乾させる（a）。

2　スモーカーの底にアルミ箔を敷き、スモークチップを入れる。網をセットし、1 を並べて蓋をし、カセットコンロに点火。最初は強火で、煙が出てきたら中火にし、10分熱燻にする。

a

燻製道士のひと言

いわゆるスモークサーモンとは違う、和風の燻製。完食したい気持ちをグッと抑え、翌日のお茶漬けに少量を残しておく。じつはこれがまた、旨いのだ！ 塩昆布と実山椒を添え、アツアツのお茶を注ぐのが燻製道士流。甘塩鮭だけでなく、粕漬けや西京漬けで作っても、なかなかイケますぞ。

SMOKED SQUID

いかの燻製

材 料

いか（刺身用）………… 1 さく

塩 …………………………少々

〈燻煙材〉
スモークチップ（ヒッコリー）
…… ひと握り（大さじ 1 ½）

燻製道士のひと言

新鮮ないかが手に入ったら、たまには目先を変えて燻製に。熱燻時間は、いかの大きさに合わせて10分を目安に。15分で試したら、弾力はあるもののしっとり感が薄れて、いまひとつだった。燻製道士的には、少しレアな仕上がりが好み。

作り方

1 いかに軽く塩をふり、表面の水分をふき取りながら、キッチンペーパーの上で1時間風乾させる（ab）。

2 スモーカーの底にアルミ箔を敷き、スモークチップを入れる。網をセットし、1 を並べて蓋をし、カセットコンロに点火。最初は強火で、煙が出てきたら中火にし、10分熱燻にする（c）。

a

b

c

決め手は、レア感と
弾力のバランスにあり

SMOKED OYSTERS

かきの燻製

材料

生がき（加熱用） ……………… 大5個
酒・塩………………………………各少々
〈燻煙材〉
スモークチップ（ウイスキーオーク）
………………ふた握り（大さじ3）

作り方

1 生がきを塩水でやさしく洗い、酒と塩をふり、キッチンペーパーの上で1時間風乾させる(a)。

2 スモーカーの底にアルミ箔を敷き、スモークチップを入れる。網をセットしたら1を並べて蓋をし、カセットコンロに点火。最初は強火で、煙が出てきたら中火にし、30分熱燻にする。

a

燻製道士のひと言

市販のオイル漬けオイスターもいいが、かきがふっくらおいしい冬には、生がきで本来の滋味を楽しみたい。濃厚な持ち味にスモークの香りが混じって、じつにオツ。

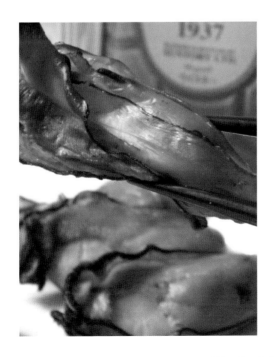

SMOKED SHISHAMO SMELT
燻製ししゃも

材料

子持ちししゃも …… 6 尾
〈燻煙材〉
スモークチップ（ナラ）
　…… ひと握り（大さじ 1 ½）

作り方

1　ししゃもをキッチンペーパーの上で1時間風乾させる（a）。

2　スモーカーの底にアルミ箔を敷き、スモークチップを入れる。網をセットし、1 を並べて蓋をし、カセットコンロに点火。最初は強火で、煙が出てきたら中火にし、15分熱燻にする（b）。

　※ししゃもは、加熱しすぎるとたまごが弾けてしまうので注意。子持ちでなくても、もちろんOK。

a

b

カリッと焼けて、
卵はしっとりプチプチ！

燻製道士のひと言

ししゃもはある程度の塩気もあるので、下味付けはせずにそのまま乾燥させて、熱燻に。焼いたししゃももおいしいが、燻製にするとスモーキーな香りがついて深い味わいになる。格別のモルトウイスキーの肴である。

SMOKED SCALLOPS

帆立貝柱の燻製

材料

帆立貝柱（刺身用）…… 6 個
塩 ……………………… 適量
〈燻煙材〉
スモークチップ（ヒッコリー）
　…… ひと握り（大さじ 1 ½）

作り方

1　帆立貝柱はサッと洗って、キッチンペーパーで水気をふき取り、塩をまんべんなくふり、脱水シート（ピチットシート）に包んで冷蔵庫で2時間ほどおく（ab）。

2　帆立貝柱を冷蔵庫から取り出し、シートを取る。常温で30分乾燥させる。

3　スモーカーにアルミ箔を敷き、スモークチップを入れてカセットコンロに点火。最初は強火で、煙が出てきたら 2 を網に並べて蓋をし、弱火にして10分熱燻にする。

a　b

燻製道士のひと言

表面は炙り焼き状態で、中はしっとり。そして、なんともいえないいい香り。たくさん作って余った時には迷わず「帆立の燻製オイル漬け」にしよう。油に漬けて冷蔵庫で3日おけばでき上がり。

旨みたっぷり歯ごたえばっちり

ウイスキーが止まらない

SMOKED RED SNAPPER

鯛の燻製

材料

鯛 (刺身用)	1さく
塩	少々
黒こしょう	少々
〈燻煙材〉	
スモークウッド (サクラ)	小1本 (30g)
氷	300g

作り方

1 鯛に塩と黒こしょうをふり、キッチンペーパーの上にのせ、冷蔵庫で1時間乾燥させる (a)。

2 スモーカーの真ん中にアルミ皿を置いてスモークウッドを入れ、皿の周りに氷を敷きつめる (b)。ウッドに点火し、網をセットしたら1 をのせ、蓋をする。10分冷燻にする (c)。

淡白な身にピリッと効いた

黒こしょうが名脇役

燻製道士のひと言

冷燻なので食感は刺身に近いが、味は熟成して深みが増しているよう。燻製香と塩、黒こしょうで、洋風なつまみに変身。よく冷えたブルゴーニュのシャルドネと合わせる。う〜ん、たまりませんな。他に、細かく刻んだ青じそや塩昆布と一緒にご飯にのせて、アツアツのお茶をかければ、絶品の鯛茶漬けに。このためだけに燻製を作りたくなるぐらい、旨い。ひらめの刺身でも同様に作ることができる。

ONE MINUTE SMOKED OCTOPUS

たこの1分間燻製

材料

ゆでだこの足 ……… 1本 (約100g)
〈燻煙材〉
スモークチップ (細かいほうじ茶*)
……………… ひと握り (大さじ1 ½)

*瞬間燻製するため、ティーバッグから
細かい茶葉を取り出す。

作り方

1 ゆでだこの表面をキッチンペーパーでふき、キッチンペーパー
の上で30分ほど風乾させる (a)。

2 スモーカーの底にアルミ箔を敷いてスモークチップを入れ(b)、
カセットコンロにのせ、点火する。 蓋をして強火で煙を充満さ
せたら、1を網にのせてセットし (c)、素早く蓋をして火力を弱
火に落とし、1分熱燻にする (d)。

3 火を止めて蓋を開け、煙が落ち着くまで、20分ほど風にあてる。

a

b

c

d

瞬間燻製で、たこの柔らかさキープ。

燻製道士のひと言

ぶつ切りにしていただくと、1
分間燻製とは思えない、しっ
かりとしたほうじ茶と燻製の香
り。柔らかさはそのままに、すっ
きりと燻製香のついた、たこ。
合わせたのは、ジャパニーズ
グリーンウイスキーのストレー
ト。いやー、止まらない。

HOT SMOKED SALMON
ホットスモークサーモン

材料

サーモン（刺身用。さく）………150g
塩 ……………………………… 少々
〈燻煙材〉
スモークチップ（サクラ）
………………ひと握り（大さじ 1 ½）
ローズマリー……………………… 2 枝

作り方

1 サーモンの両面に塩をふり、ステンレスのざるにのせ（a）、冷蔵庫で3時間乾かす。

2 冷蔵庫から取り出し、常温で30分ほど風乾させる。

3 スモーカーの底にアルミ箔を敷き、スモークチップとローズマリーを入れ（b）、2 を網にのせてセットする（c）。蓋をしてカセットコンロに点火する。最初は強火で、煙が出てきたら中弱火にし、15分熱燻にする（d）。

a　　　b　　　c　　　d

本格的な冷燻のスモークサーモンはなかなか大変だが、これならおつまみ感覚でサッとできて、食べ応えもある燻製になった。ローズマリーの香りもまとった海の幸には、アイラ島のシングルモルトウイスキーを。スモーキーな香り、ローズマリーのキリッとした清涼感のある香り、アイラモルトのスモーキーな刺激……よく合っている。うーん、シアワセ。

生鮭で温かい

脂ノリノリのスモークサーモンに

キャンプ
で楽しむ
簡単燻製

キャンプで燻製するメリットは、思い切って燻製ができることだろう。盛大に煙の出る燻製は、隣近所のこともあってなかなか……、という方も、野外なら気兼ねなく燻製でき、開放感もある。ただでさえ気持ちよいアウトドアで、のんびりビールでも飲みながら燻製ができ上がるのを待つのは、至福の時間といえるだろう。

キャンプ燻製に必要な道具

・中華鍋またはコンパクトスモーカー、卓上スモーカー
・分離型アウトドアバーナーまたはカセットコンロ
・スモークチップ（万能選手のヒッコリーやリンゴがよい）
・干しかご
・密閉できる保存容器（食材をソミュール液に漬ける時に便利）
・アルミ箔
・軍手

キャンプで燻製デビューをするために、
スモーカーやスモークチップは買ったけど、
さて何を燻製すればよいだろう?
キャンプで燻製するとなると、さまざまな制約がある。

天候⇒雨が降ると、味付けした食材の風乾がしにくい。
食材の保管⇒特に夏場は食材が傷みやすい。
水⇒塩漬けした食材を塩抜きしたいが、水場を長時間
　　占拠するわけにいかない。

これらのことから、燻製に向くのは、

乾燥時間が短い食材
しっかり熱を通す燻製方法（＝熱燻）
長時間の塩漬け、塩抜きがいらない食材

次のページで、私がキャンプにおすすめの燻製レシピをご紹介しよう。

フォワグラのパテの燻製

おしゃれなキャンプ燻製にもってこいの、本格的な燻製オードブル。
キリッと冷やした白ワインがよく合う!

材 料

フォワグラのパテ (缶詰) ……………… 1 缶 (80g)
バゲット (スライス) ……………………… 適量
ディル・ポワブルロゼ (あれば) ……… 各適量
〈燻煙材〉
スモークウッド (サクラ) ……… 1 本 (約 80g)

作り方

1 フォワグラのパテ (写真) を缶から取り出し、軽くほぐす。キッチンペーパーの上で30分ほど乾燥させる。

2 スモークウッドに点火し、スモーカーに入れる。

3 アルミ箔で皿を作って 1 を入れ、網にのせ、スモーカーにセットする。

4 蓋をしてそのまま30分、温燻にする。ゆったりと煙が出るのを眺めつつ、ビールを飲むのもオツ。

5 でき上がり。独特の臭みも、サクラのスモークウッドの煙で消えて、グッと凝縮された味わいに。

6 5を盛り付け、あればディルとポワブルロゼをのせ、バゲットをパリッと焼いて添える。白ワインと合わせたい。

他にもある、おすすめキャンプレシピ

味付けたまごの燻製 (→p.32)

ラーメン用に味付けされた煮たまごなら、極簡単に燻製できる。これぞ究極のキャンプ向き燻製か。

ナッツの燻製 (→p.38)

これも下ごしらえ一切ナシ。失敗ナシの簡単燻製で、キャンプ燻製にもってこい。どこでも入手可能、保存もラクで、つまみに最高。

スモークチョリソー (→p.42)

袋から取り出して、表面を乾燥させるだけで下ごしらえOK。ビールにも、ワインにも、ウイスキーにも合う万能おつまみ。余ったら翌朝のホットサンドの具にしてもおいしい。

カマンベールチーズの燻製 (→p.52)

チーズの燻製は、下味付けが必要ないので、キャンプ向きの燻製だが、温度が上がりすぎると溶けてしまう難しさがある。そこで逆転の発想。カマンベールチーズをとろとろ燻製にすると、ワインが止まらない極上燻製になる。

スモークステーキ (→p.76)

キャンプで赤ワインにステーキの燻製。ランタンの灯のもとで、ディナー気分になれる、もうこれだけで豪勢なキャンプ燻製だ。

手羽中の燻製 (→p.84)

ちょっと手の込んだところではこんなのも。手羽中はサッと火が通るので、下ごしらえが面倒でなければキャンプ燻製にいいかもしれない。ソミュール液はあらかじめ作って、保存容器に入れていくとよい。

PART 4
自慢できる！
本格チャレンジ
レシピ

SMOKED ROASTED BEEF
燻製ローストビーフ

材 料

牛もも肉 (かたまり) ……… 600g
塩 …………………………… 少々
黒こしょう ……………… 少々

〈燻煙材〉
スモークチップ (サクラ)
…… ひと握り (大さじ1 ½)

作り方

1 牛もも肉に塩と黒こしょうをたっぷりとまぶし、キッチン
ペーパーの上で30分おく (a)。表面の水分をキッチンペー
パーでよくふき取る。

2 スモーカーの底にアルミ箔を敷き、スモークチップを入れ
る。脂がチップに落ちて煙が消えないよう、アルミ箔をか
ぶせ、網をのせ、1の肉を置いてカセットコンロに点火。
肉汁がたれて音が出るまで、20分熱燻にする。

3 熱いまま注意しながらアルミ箔に包み、1時間ほどおいて
余熱を通す (bc)。

4 冷めたらラップに包んで冷蔵庫でひと晩寝かせる。薄くス
ライスしていただく。

a   b   c

なめらかな舌ざわりは、天下一品！　牛肉のサシが多く入っているほど、しっとりとろける仕上がりになる。塩によって微妙に味が変わるので、あれこれ試してお好みを見つけてもよいだろう。とっておきの赤ワインを開ければ、至福の時間が過ごせる。ちょっとしたパーティーにももってこいだ。

口いっぱいに

とろけるレア感！

難易度
初級

下ごしらえ
4時間

燻製方法
熱燻

燻煙時間
45分

SMOKED ROASTED PORK FILLET
燻製チャーシュー

材料

豚肩ロース肉（かたまり）……500g
にんにく…………………………… 1片
塩・黒こしょう …………… 各少々

ウイスキー ……………… 適量
〈燻煙材〉
スモークチップ（ヒッコリー）
………… ふた握り（大さじ3）

作り方

1 肉に塩、黒こしょうをまんべんなくすり込み、タコ糸で縛る（ab）。

2 1に、すりおろしたにんにくとウイスキーをよくもみ込み、ビニール袋に入れて冷蔵庫で3時間寝かせる。

3 キッチンペーパーで肉の水分をふき取り、1時間風乾させる（c）。

4 スモーカーの底にアルミ箔を敷き、スモークチップを入れる。肉から出る脂でチップの煙が消えないよう、チップの上にアルミ箔を軽くかぶせる。

5 網をセットしたら3を置いて蓋をし、カセットコンロに点火。最初は強火で、煙が出てきたら中火にし、45分熱燻にする。

a　　　b　　　c

この濃厚な旨み。

ああ、モルトが止まらない

燻製道士のひと言

燻製チャーシューを数切れ、コ
コットで炊き上げたご飯の上に
のっけて蒸らすと、豪華な〆に。
ココットの蓋を開けると、立ち
上る燻製チャーシューとご飯の
香り。卵黄をのせ、つぶして燻
製チャーシューとからめるよう
に食すれば、えもいわれぬコク
が口中いっぱいに広がる。キャ
ンプでもおすすめ。

SMOKED CHICKEN TENDERLOIN JERKY
ささみジャーキー

今宵の酒は格別、後をひく香りと歯ごたえ

燻製道士のひと言

さきいかのように少量ずつ口に含むと、ささみの旨みにタレ、そして燻製の香りがじんわりと広がる。どんな酒にも合うささみジャーキーは、まさに「超酒肴」ともいうべき味わいだ。

材 料

鶏ささみ肉 ···················· 5 本
ソミュール液
| しょうゆ ················ 100㎖
| みりん ····················· 50㎖
| 酒 ·························· 50㎖
| 水 ·························· 50㎖
| しょうが (すりおろし) ····· 少々
| にんにく (すりおろし) ····· 少々

三温糖 ···················· 少々
黒こしょう ················ 少々
チリパウダー ··········· 少々
オニオンパウダー··· 少々
〈燻煙材〉
スモークウッド (リンゴ)
···················· 1 本 (約80g)

作り方

1 鍋にソミュール液の材料を入れ、サッと煮立てたら冷ましておく。

2 鶏ささみ肉を包丁で平たく切り開き、ラップの上からすりこぎで叩いてのばす (ab)。

3 1と2を密閉袋に入れ、冷蔵庫で3時間漬け込む。

4 肉を取り出してキッチンペーパーで水分をふき取り、ざるに並べて1時間風乾させる (c)。

5 4を網にのせてスモーカーに入れ、電熱器で50℃に温め、1時間温乾させる。スモークウッドに点火し、60℃で1時間温燻にする。

6 燻製後、酒 (分量外) を全体にスプレーして (d)、さらに1時間ほど風干しして、でき上がり。

a

b

c

d

難易度	下ごしらえ	燻製方法	燻煙時間
上級	8日	温燻	2時間

SMOKED BACON

本格ベーコン

ほとばしる脂と

香りは生唾モノ

材料

豚バラ肉（かたまり）……… 500g

A
粗 塩 ………………… 50g
三温糖 ………………… 20g
黒こしょう …………… 10g

ローリエ ……………………… 4枚
〈燻煙材〉
スモークウッド（サクラ）
………………… 1本（約100g）

燻製道士のひと言

何はなくとも、自分でベーコンを作ったという事実に感動する。でき上がったベーコンを切る時は、手が震え、ピンクの肉色を見て涙するほどだ。細かく切って炒めるだけでも最高の酒の肴になる。塩抜きの時は、肉の切れ端を電子レンジで加熱して味みをし、塩加減を確かめよう。この後、脱水して味が凝縮されるため、「少し薄いかな」ぐらいがベストバランスだ。

作り方

1 豚バラ肉にAをよくすり込み、ローリエと一緒にビニール袋に入れて密封する（abc）。冷蔵庫で7日間熟成させる。1日1回ひっくり返して、まんべんなく塩がまわるようにする。

2 肉を取り出し、流水で4時間ほど塩抜きする。

3 肉の水分をふき取り、キッチンペーパーにくるんで、冷蔵庫で12時間ほど乾燥させる。

4 取り出した肉を日陰で1時間風乾させ、大きめのスモーカーに吊るす。スモークウッドを入れずに、電熱器で50℃に温め、2時間温乾させる。

5 サクラのスモークウッド1本をスモーカーに入れて点火し、温度を60℃まで上げ、2時間温燻にする。

6 冷蔵庫で12時間寝かせ、でき上がり。

a

b

c

塩豚の燻製をさっそく味見すると、いい感じにしっとり仕上がり、肉汁があふれる。バーボンが止まらない！この時はしたたる肉汁の誘惑に勝てず、できたてを食したが、残りをひと晩冷蔵庫で熟成させると、さらに美味になることがわかった。

調味料は塩だけ、

シンプルだが、ゴージャス気分になれる

SMOKED SALTED PORK

簡単! 自家製塩豚の燻製

材料

豚肩ロース肉(かたまり)
.... 500g

塩 10g

〈燻煙材〉
スモークウッド(サクラ)
.... 1本(約80g)

作り方

1 豚肉に塩をよくすり込み、ビニール袋に入れて空気を抜き(a)、冷蔵庫でひと晩寝かせる。

2 翌日、1を袋から取り出し、水を張った鍋に入れて火にかける。沸騰したら火を弱め、30分コトコトゆでて火を止め、そのまま冷ます(b)。

3 塩豚を取り出し、キッチンペーパーでよく水分をふき取り、30分ほど風乾させる。

4 大きめのスモーカーの棚網に3を置き、下の段に脂受けを置く(c)。電熱器で60℃に温め、30分温乾させる。

5 スモークウッドに点火し(d)、スモーカーに入れ、60℃をキープして、1時間温燻にする。

a b c d

難易度	下ごしらえ	燻製方法	燻煙時間
上級	7日	温燻	3時間

SMOKED LOIN HAM

ロースハム

自家製とは思えない

本格的な味わい

燻製道士のひと言

最もハイレベルな燻製だ。7日かけてでき上がった自作のハムを目にすると、思わず胸が熱くなる。旨さもひとしおだ。豚肩ロース肉は、丸いかたまりでなく平べったいかたまりがベター。塩が中心部までよく行きわたる。寿司用の巻きすで巻くと、成形しやすいのでおすすめ。ブランデーを使うことで、いっそう香りがよくなる。

材料

豚肩ロース肉（かたまり）… 1kg
ローリエ ……………………… 適量
〈燻煙材〉
スモークウッド（サクラ）
……………………… 2本（約160g）

A
粗塩 …………………… 30g
三温糖 ………………… 20g
白こしょう … 小さじ1
セージ ………………… 少々
ブランデー ……… 少々

作り方

1 Aをすべて混ぜ合わせ、豚肉（a）に手でしっかりすり込む。

2 1の肉とローリエをビニール袋に入れ、冷蔵庫で7日間熟成させる。1日1回ひっくり返す。

3 肉を取り出し、水を張ったボウルに入れ、直接水があたらないようにしながら流水で3時間塩抜きする。

4 肉の水気をしっかりふき取り、脂身が外側になるようにして真っ白なさらしで巻き、タコ糸で縛る（b）。

5 4を大きめのスモーカーに入れ、スモークウッドを入れずに、電熱器で60℃に温め、2時間ほど温乾させる。

6 スモークウッドを入れて点火し、60℃を保ちながら3時間温燻にする（c）。

7 肉をスモーカーから取り出し、40℃のお湯に入れ、温度を上げて75℃で1時間半ゆでる（d）。

8 冷水を張った鍋に7の肉を入れて30分冷ます。取り出して、さらしを巻いたままベランダなど風通しのいい場所に1時間ほど吊るして、陰干し状態で風乾させる。

9 冷蔵庫でひと晩寝かせて、でき上がり。

a

b

c

d

SMOKED SALMON

スモークサーモン

材料

サーモン（刺身用） 1さく
岩塩 .... 適量
〈燻煙材〉
スモークウッド（サクラ）… 2本（約160g）

作り方

1 サーモンにまんべんなく岩塩をふり、脱水シート（ピチットシート）に包む。冷蔵庫で1日寝かせ、水分を抜く。シートを取る。

2 スモーカーの底にアルミ箔を敷き、スモークウッドに点火して入れる。網に1をのせてセットし、蓋をして、20℃以下をキープして3時間ほど冷燻にする。

3 サーモンを取り出し、ラップに包んでさらに冷蔵庫でひと晩寝かせる。

燻製道士のひと言

ごくごく寒い季節には、冷燻の本丸、スモークサーモンに挑戦。上品にスモークされた風味といい、自分でもビックリするほどの本格感。白ワイン、シャブリが止まりませんな〜。

これぞ冷燻の王道！

ねっとりとした食感がたまらない

SMOKED YELLOWTAIL
ぶりの燻製

材料

ぶり (刺身用) ……………………… 1さく
塩 ………………………………………… 適量
黒こしょう (あら挽き) …………… 適量
〈燻煙材〉
スモークウッド (サクラ) … 1本 (約100g)

作り方

1 ぶりの両面に塩とあら挽きの黒こしょうをたっぷり
ふる。脱水シート (ピチットシート) に包み、冷蔵
庫で2日間寝かせ、水分を抜く (a)。シートを取る。

2 スモーカーの底にアルミ箔を敷き、スモークウッド
に点火して入れる。網に1をのせてセットし、蓋を
して、20℃以下をキープして2時間ほど冷燻。さら
にラップに包んで冷蔵庫で1日寝かせる。

a

燻製道士のひと言

スモークサーモンと同様、こちら
も寒い日に作りたい冷燻。刺身状
に薄くそぎ切りして食べると、お
おっ!　この柔らかな香り。そし
て、脂ののった ぶりの旨みが凝
縮され、これは酒!　酒だっ! (笑)

ぶりの旨みをぎゅっと封印！

冷燻ならではの贅沢なつまみ

SMOKED SHRIMP

海老の燻製

材 料

海老 (むき海老) ······ 1 パック
塩 ································ 少々

ソミュール液··························400㎖
水 ··· 400㎖、塩 ··· 大さじ 2、
日本酒・黒こしょう・チリペッパー ··· 各少々

〈燻煙材〉
スモークチップ (サクラ)
·························ひと握り (大さじ 1 ½)

作り方

1 熱湯に塩少々を入れてむき海老 (a) を 30 秒ほどゆで、ざるに上げて冷ます。

2 ソミュール液を作る。鍋に分量の水を沸騰させ、塩、日本酒、黒こしょう、チリペッパーを入れて、再沸騰させて冷ます。

3 2 に1 を入れ、冷蔵庫で1時間漬ける。ざるに上げ、冷蔵庫で1時間ほど乾かしたら取り出し、30分常温におく。

4 スモーカーの底にアルミ箔を敷き、スモークチップを入れる。網をセットし、3 の海老を並べて蓋をし、カセットコンロに点火する。最初は強火で、煙が出てきたら中弱火にして10分熱燻にする。

a

燻製道士 の ひと言

むき海老を使えば、仕込みもさほどの手間がなく、本格的な味わいが楽しめる。いい色に仕上がった海老に、燻製香がしっとりとついて、これは飲まずにはいられない。ぷりっぷりの食感に、旨みたっぷりの海老ちゃん、ソミュール液に入れたチリペッパーがちょっとしたアクセントになって、これはハイボールが止まらない。

ぷりぷりの食感！

ハイボールにピッタリの簡単燻製

便利なはちみつ味噌を
使ったアレンジレシピ

はちみつ：味噌＝1：2で混ぜるだけの「はちみつ味噌」。
食材を漬けると、旨みと甘みで味わいがぐんと深くなる驚
きの味噌床だ。塩だけの時との味わいの違いも楽しい。

はちみつ味噌漬け
帆立の燻製

材 料

帆立貝柱（刺身用） …… 4個
はちみつ味噌

| 味噌 …………………… 80g
| はちみつ …………… 40g

〈燻煙材〉
スモークチップ（ウイスキーオーク）
………… ひと握り（大さじ 1 ½）

作り方

1 帆立貝柱をサッと洗い、キッチンペーパーで水分をふき取る。

2 はちみつ味噌の材料を混ぜる (a)。1 にまんべんなくまぶし、ジッパー付き保
存袋に入れて空気を抜きながら封をして (b)、冷蔵庫でひと晩漬ける。

3 翌日、サッと水洗いして味噌を流し、キッチンペーパーでよく水分をふき取り、
1時間ほど風乾させる。

4 スモーカーの底にアルミ箔を敷いてスモークチップを入れ、カセットコンロ
にのせ、点火する。最初は強火で、煙が出てきたら 3 を網にのせてセットし
(c)、蓋をして火力を中弱火に落とし、10分熱燻にする。

5 火を止めて蓋を開け、煙が落ち着くまで20分ほど風にあてたらでき上がり。

a　　　b　　　c

燻製道士のひと言

ゆらゆら立ち上る煙を愛でながら、待つこと10分。いい色に仕上がった帆立の燻製。シンプルな塩だけで味付けした帆立燻製もいいが、この深い味わいに、もっと研究を重ねたい燻製魂が燃える。帆立の海の味わいには、海辺の蒸溜所・アイラモルトウイスキーを。

ウイスキーオークの燻香とはちみつ味噌で
帆立がさらに奥深くなる

はちみつ味噌漬け
鶏の燻製

材料

鶏もも肉 …………………… 1枚
藻塩 (なければ粗塩) …… 少々
はちみつ味噌
　信州味噌 ………… 150g
　はちみつ ………… 75g
〈燻煙材〉
スモークチップ (ヒッコリー)
　…… ふた握り (大さじ3)

燻製道士のひと言

使ったのは、旨みたっぷりの名古屋コーチン。おだやかな燻製香が、食欲も飲欲もそそってくれる。この和風テイストの燻製には、ジャパニーズウイスキーと。

作り方

1　鶏もも肉の両面に金串で穴をあけ、藻塩をまぶす。

2　味噌とはちみつを混ぜ合わせ、1にまんべんなく塗り込む。ジッパー付き保存袋に入れて密閉し、冷蔵庫でひと晩漬ける。

3　翌日、はちみつ味噌をサッと水洗いしてざるにのせ、冷蔵庫で4時間乾かす。30分ほど常温におく。

4　スモーカーの底にアルミ箔を敷き、スモークチップを入れる。脂が落ちて煙が消えないよう、アルミ箔をシワシワにしてかぶせ、カセットコンロに点火。網をセットし、肉をのせて蓋をする。最初は強火で、煙が出てきたら中火で5分熱した後、やや弱火にして45分ほど熱燻にする。

特製蜂蜜味噌で
ワンランク上の味わい

はちみつ味噌漬け
豚の燻製

材料

豚バラ肉 (かたまり) ……………250g
はちみつ味噌
  味噌 ………………………100g
  はちみつ ……………………50g
〈燻煙材〉
スモークチップ (ウイスキーオーク)
 ………… ひと握り (大さじ 1 ½)

燻製道士のひと言

はちみつ味噌がしみ込んだ豚バラは、甘みがあって、コクも充分。ほのかに香る、ウイスキーオークのスモーク香に、バーボンが止まらない。

作り方

1 はちみつ味噌の材料をよく混ぜ合わせ、豚バラ肉によく塗り込む。ジッパー付き保存袋に入れて空気を抜きながら封をして、冷蔵庫で7日間漬ける。

2 1を取り出し、はちみつ味噌をサッと洗い流して、水分をよくふき取る。キッチンペーパーの上で、1時間ほど風乾させる。

3 スモーカーの底にアルミ箔を敷き、スモークチップを入れる。脂が落ちて煙が消えないよう、アルミ箔をシワシワにしてかぶせる。

4 カセットコンロに点火する。最初は強火で、煙が出てきたら 2 を網にのせてセットし、火力を中弱火に落とし、蓋をして45分熱燻にする (a)。

a

漬け込み時間は長いが、

失敗なし!

濃厚、ねっとり！
厚揚げの燻製

材料

厚揚げ …… 1枚 (約200g)　　はちみつ味噌　　　　　　〈燻煙材〉
塩 …………………… 少々　　| 味噌 ………… 50g　　スモークチップ (サクラ)
　　　　　　　　　　　　　　| はちみつ …… 25g　　 …… ひと握り (大さじ1 ½)

作り方

1　厚揚げを8㎜くらいの厚さに切る。半分は塩をして、脱水シート (ピチットシート) に包む (a)。残り半分は、はちみつ味噌の材料を混ぜてたっぷりと塗り込み、ジッパー付き保存袋に入れ、空気を抜きながら封をする (b)。それぞれ冷蔵庫で2日間漬け込む。

2　2日後、取り出して、はちみつ味噌のほうは味噌を洗い流し、塩のほうはシートを取る。それぞれキッチンペーパーの上で1時間風乾させ (c)、網にのせる。

3　スモーカーの底にアルミ箔を敷いてスモークチップをのせ、カセットコンロに点火する。最初は強火で、煙がしっかり出たら 2 を網ごとセットし (d)、火力を弱火に落とし、蓋をして10分熱燻にする。

4　火を止めて蓋を開け、煙が落ち着くまで20分ほど風にあてたらでき上がり。

a　　　　　　b　　　　　　c　　　　　　d

日本酒に合う濃厚、ねっとり、ちびちびと食べ進みたくなる酒肴

燻製をひと言

塩のほうもよかったのだが、濃厚さと味わいの深さでは、圧倒的にはちみつ味噌漬けが旨かった。大満足なひとときであった。

いきなり燻製味！
便利な燻製調味料

調味料も、燻製できる。しょうゆ、黒こしょう、オイルなど、食材を燻製しなくても、燻製調味料を使えば、いきなり燻製気分を味わえるのだ。

燻製しょうゆ

材 料

しょうゆ ……………… 適量
〈燻煙材〉
スモークチップ（ヒッコリー）
……ひと握り（大さじ 1 ½）

作り方

1 しょうゆをアルミカップに入れる。

2 スモーカーの底にアルミ箔を敷き、スモークチップを入れてカセットコンロに点火する。最初は強火で、煙が出てきたら網に1をのせてセットし、蓋をして中火にし、10分熱燻にする。

\ arrange! /
黒こしょうの燻製

一度作れば何にでも使えるので、ぜひ常備しておきたい調味料。パスタにも野菜にも合う！

材料と作り方

スモーカーの底にアルミ箔を敷き、スモークチップ（ヒッコリー）をひと握り入れ、カセットコンロに点火。最初は強火で、煙が出てきたら、茶こしに黒こしょう（ホール）適量を入れて網にのせてセットし、蓋をして中火にし、10分熱燻にする。

燻製しらす丼

材料

釜揚げしらす…………… 80g
アツアツのご飯 ……1膳分
たまご………………… 1個

燻製しょうゆ(→ p.137) ………………適量
〈燻煙材〉
スモークウッド(サクラ) ……1本(約80g)

作り方

1 キッチンペーパーに釜揚げしらすを広げ、しばし (30分ほど)風乾させる(a)。網に広げてのせる。

2 スモークウッドに点火し(b)、スモーカーに入れ る。1を網ごとセットし(c)、蓋をして15分温燻に する。この時のスモーカー内の温度は30℃ほど。

3 蓋を開け、煙が落ち着くまで、20分ほど風にあ てる(d)。

4 茶碗にアツアツのご飯を盛り、3をのせ、たま ごを落とす。燻製しょうゆをたらす。

a

b

c

d

しらすのシットリ感を残すため、スモークウッドで温燻に。燻製しょうゆとも相性はバツグンで、こ、これは旨いっ！わしわしと、燻製しらす丼をかき込み、ビールをあおる。ああ、シアワセ……。

アツアツご飯にのせると、

燻製しらすの香りが立ち上る！

燻製しょうゆの
じゃがバター

材 料

冷凍フレンチフライドポテト（皮付き）
……………………………………… 適量

サラダ油……………………………… 適量

塩・ドライパセリ ……………………各少々

バター ………………………………… 適量

燻製しょうゆ(→ p.137) …………… 適量

黒こしょうの燻製 (→ p.137) ……… 適量

マヨネーズ …………………………… 適量

作り方

1 フライドポテトを作る。冷凍の皮付きフ
   レンチフライドポテトを、油で揚げる。

2 フライドポテトの油をきったら、塩とド
   ライパセリをふり、バターをのせて、燻
   製しょうゆと黒こしょうの燻製をかけれ
   ば、完成。好みでマヨネーズを添える。

燻製道士 のひと言

フレンチフライの熱でバターが
トロリと溶けて、そこにからむ
燻製しょうゆの香りが立ち上る
……、燻製しょうゆ＋じゃがバ
ター。シンプルだが、本能を
直撃するようなバターとしょう
ゆの香り。これで燻製香がす
るのだから、燻製道士にはこ
たえられない味わいなのだ。

本能を直撃するような旨さ

燻製調味料の本領発揮！

ビールの定番おつまみ
枝豆がさらに飲める肴に

枝豆の燻製しょうゆ漬け

材料

枝豆	1袋
塩	適量
燻製しょうゆ(→ p.137)	適量

燻製道士のひと言

直接枝豆を燻製せずに、
燻製のアテを。ひと晩しょう
ゆに浸かっていたとは思え
ないほど、マイルドで、し
かも香りがバツグン。

作り方

1 枝豆をサッと塩もみし、たっぷりのお湯
でゆでて、ざるに上げる。

2 ジッパー付き保存袋に1を入れ、燻製
しょうゆを加え、密閉する。途中、上
下を返し、冷蔵庫でひと晩漬ける。

香ばしさ満点の炙り焼きで

ハイボールが止まらない

サーモンの燻製しょうゆ炙り

材料

サーモンの刺身 ………………… 1パック
太白ごま油 …………………………… 適量
燻製しょうゆ(→ p.137)………… 適量
チャービル …………………………… 適量

作り方

1 太白ごま油と燻製しょうゆを同量混ぜて、
サーモンの刺身にまんべんなくかける。

2 着火用バーナーでサーモンの表面の色が変
わるまで炙る。

3 器に盛り、チャービルを散らす。

燻製道士のひと言

超簡単、そして失敗ナシの見
た目豪華な燻製料理レシピ。
燻製しょうゆの香りが香ばし
く、なかなか見栄えもよい。
表面が燻製しょうゆと太白ご
ま油で炙られ、中身はレアな
サーモンのたたき状に。我な
がらニッコリのできだ(笑)。

燻製道士 （くんせいどうし）

日夜おいしい燻製のことに想いを馳せ、「燻製仙人」になるべく、簡単燻製作りの道を求道する士、すなわち「燻製道士」。時折、おいしい燻製作りの“修行”と称し、燻製料理のあるバーやレストランに突入する。燻製とウイスキーやワインのマリアージュをこよなく愛する、しがない燻製男。燻製と酒の記録を綴った「燻製記」は、多くの燻製ファンが参考にする人気ブログ。
http://kunsei.livedoor.biz/

レシピ・写真 / 燻製道士
デザイン / 熊谷元宏（knvv）
撮影 (p.14~17、p.26~27) / 中島里小梨（世界文化 HD）
DTP 製作 / 株式会社 明昌堂
校正 / 株式会社 円水社
編集部 / 原田敬子

＊本書は、『男の手作り燻製』（2010 年刊）、『手作り燻製ハンドブック』（2014 年刊）の一部内容に大幅に加筆、新規レシピを加えてまとめたものです。

簡単にはじめる 手作り燻製

発行日　2021 年 8 月 15 日　初版第 1 刷発行

著　者　燻製道士
発行者　竹間 勉
発　行　株式会社 世界文化ブックス
発行・発売　株式会社 世界文化社
　　　　〒102-8195 東京都千代田区九段北 4-2-29
　　　　電話 03-3262-5118（編集部）
　　　　　　 03-3262-5115（販売部）
印刷・製本　凸版印刷 株式会社